Analyse de l'œuvre

Par Vincent Guillaume
et Alexandre Randal

L'existentialisme est un humanisme

de Jean-Paul Sartre

lePetitLittéraire.fr

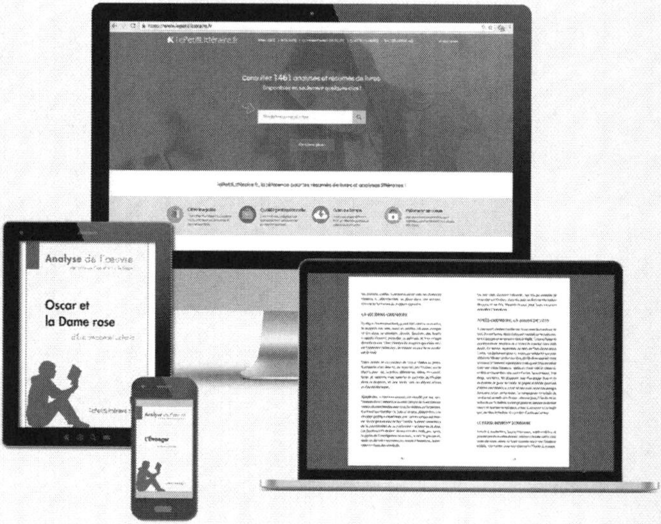

Analyse de l'œuvre
Oscar et la Dame rose
L'Étranger

JEAN-PAUL SARTRE

ÉCRIVAIN ET INTELLECTUEL FRANÇAIS

- **Né en 1905 à Paris**
- **Décédé en 1980 à Paris**
- **Quelques-unes de ses œuvres :**
  - *La Nausée* (1938), roman
  - *Huis clos* (1944), pièce de théâtre
  - *Les Mots* (1964), récit autobiographique

Jean-Paul Sartre est un écrivain et un philosophe français né en 1905 à Paris et mort en 1980. Célébré en même temps que rejeté pour sa pensée existentialiste, il est l'auteur de plusieurs essais comme *L'Être et le Néant* (1943) ou *L'existentialisme est un humanisme* (1946). Il a également écrit de nombreux textes littéraires dans lesquels se déploient avec force sa philosophie et sa définition de la littérature : *La Nausée*, roman publié en 1938, *Les Mouches*, pièce de théâtre parue en 1943, ou encore *Huis clos*, édité en 1944.

En 1964, il refuse le prix Nobel de littérature et publie *Les Mots*, un récit autobiographique sur sa jeunesse. Connu aussi comme le compagnon de Simone de Beauvoir (femme de lettres française, 1908-1986), Sartre a marqué les esprits tant par son activité d'écrivain que par son engagement politique d'extrême gauche.

L'EXISTENTIALISME EST UN HUMANISME

COMPRENDRE L'EXISTENTIALISME SARTRIEN

- **Genre :** essai philosophique
- **Édition de référence :** *L'existentialisme est un humanisme*, Paris, Gallimard, coll. « Folio Essais », 1996, 108 p.
- **1re édition :** 1946
- **Thématiques :** philosophie, liberté, responsabilité, engagement, athéisme

L'existentialisme est un humanisme (1946) est la retranscription, légèrement modifiée par Sartre, d'une conférence qu'il a donnée en 1945 pour le club Maintenant, créé à la Libération. Cette conférence a eu un immense succès, qui témoigne de la célébrité de Sartre – célébrité s'accompagnant souvent d'une mauvaise compréhension du philosophe, une des raisons pour lesquelles il a souhaité prendre la parole.

Sartre y explique en quoi consiste réellement sa philosophie, répond aux reproches qui lui ont été adressés, présente l'homme dans sa liberté et sa responsabilité totales, et démontre que, loin d'être pessimiste, l'existentialisme prône l'action et l'engagement.

RÉSUMÉ

L'EXISTENCE PRÉCÈDE L'ESSENCE

Sartre expose les principaux reproches faits à l'existentialisme :

- pour les communistes, il s'agit d'une philosophie bourgeoise de l'action impossible ;
- pour les catholiques, c'est un pessimisme qui nie l'importance des efforts humains en supprimant les valeurs divines.

Tous accusent l'existentialisme de manquer à la solidarité humaine par un subjectivisme isolant l'individu. De manière générale, les gens trouvent l'existentialisme triste et laid, même si leur propre « sagesse des nations » (p. 24) semble tout aussi déprimante selon Sartre.

Pour l'existentialisme athée, l'existence précède l'essence. On trouvait jusqu'ici chez les philosophes l'idée que l'homme est déterminé par une nature humaine, comme un objet manufacturé dont l'essence précède l'existence (son utilité, la méthode de production et tout ce qui permet de le définir précède et conditionne sa fabrication). Mais, pour Sartre, « l'homme surgit dans le monde, et [...] se définit après » (p. 29) : il n'y a donc pas de nature humaine, l'homme devient tel qu'il se fait, et même tel qu'il se veut.

L'homme est vu comme un projet. Il est responsable de lui-même, ce dont l'existentialisme veut le rendre conscient.

Cette philosophie part d'une double subjectivité, individuelle et humaine : en choisissant et en agissant individuellement en vue de devenir ce qu'on veut être, on fait de soi un projet qu'on estime valable pour tout le monde, car ce qu'on considère être le bon choix pour soi reflète une image de l'homme tel qu'on pense qu'il doit être. La conscience d'une telle responsabilité pour soi et pour les autres, lorsque l'homme doit faire un choix alors qu'il ne sait pas à quelles valeurs se raccrocher, provoque l'angoisse.

L'EXIGENCE DU CHOIX

Face à la non-existence de Dieu, l'homme est dans une position de délaissement (notion existentialiste allant de pair avec l'angoisse), et il s'agit d'en tirer les conséquences : ce qui est bien n'est plus écrit nulle part ni déterminable à priori. L'homme est donc livré à lui-même et est « condamné à être libre » (p. 39) : il est entièrement responsable, autant de ses passions que de son interprétation du monde. Dans un choix aussi cornélien que celui d'un étudiant tiraillé entre rester auprès de sa mère ou l'abandonner à son désespoir pour s'engager dans la Résistance afin de venger son frère et aider son pays, il faut trancher entre deux types de morale :

- l'aide individuelle et immédiate ;
- l'action à grande échelle, plus ambigüe (qui peut prédire s'il jouera un rôle important ou insignifiant ?).

Aucune doctrine fixe ne peut résoudre ce dilemme. Choisir selon son sentiment est également illusoire, car décider que l'on accorde finalement plus de valeur à sa mère qu'à son pays ne peut se justifier que par l'acte même de rester auprès d'elle, et non pas par le fait de l'envisager. De même, choisir quelqu'un pour nous conseiller, c'est déjà décider de la réponse qu'on souhaite entendre.

Pour agir, l'homme doit se limiter à prendre en compte les probabilités qui concernent directement son action et la rendent possible. Si l'on rejoint la cause marxiste, cela impliquerait de parier, entre autres, sur un parti bien unifié et sur des camarades prêts à s'engager jusqu'au bout. Mais cela peut très bien ne pas être le cas puisque ceux-ci sont libres. Cependant, la probabilité qu'un parti international soit unifié ou non ne doit pas entrer en ligne de compte, car elle ne dépend pas de la volonté de celui qui le rejoint.

Par conséquent, il faut agir sans espoir, ne pas se faire d'illusions, mais ne pas renoncer pour autant et faire tout son possible : l'existentialisme est une morale d'engagement. Les reproches de quiétisme (fait de privilégier la contemplation au détriment de l'action) sont donc infondés : au contraire, l'existentialisme considère que l'homme n'existe que par son action ; en dehors, il n'est rien. Justifier ses rêves perdus en pensant qu'on avait le potentiel pour les réaliser mais que les circonstances étaient contraires est refusé. Les protagonistes des romans de Sartre font horreur parce qu'ils sont non seulement présentés comme lâches ou mauvais, mais coupables de l'être par leurs actions, par leurs choix. « Ce que les gens veulent, c'est qu'on naisse lâche ou héros » (p. 55) : cette pensée déterministe est rassurante, car elle implique que si on est lâche, on n'y peut rien.

S'il n'y a pas de nature humaine, l'homme a cependant une

universalité (être dans le monde, être mortel, être libre, etc.) qu'on appelle sa condition, et qui le définit à la fois objectivement - puisque c'est universel - et subjectivement - puisque cette universalité n'est rien s'il ne se détermine pas par rapport à elle. Et c'est en situation, c'est-à-dire dans un contexte sociohistorique précis, que l'homme se détermine par rapport à l'universalité de la condition humaine. Il le fait dans une multitude de projets individuels - mais jamais entièrement étrangers car se basant toujours sur les mêmes caractéristiques universelles de l'homme, dont la liberté (qui permet de se définir par des choix). Choisir est un absolu, un élément de la condition humaine, et chaque choix sera dès lors compréhensible par quiconque à n'importe quelle époque, sans pour autant perdre de sa relativité due à la situation concrète dans laquelle il est fait.

Le reproche fait à l'existentialisme concernant son prétendu subjectivisme (« vous pouvez choisir n'importe quoi », p. 63) l'est à tort, car le choix est un absolu inévitable : face à une situation, choisir de ne pas choisir n'est pas une option, mais une illusion. D'autre part, bien qu'on n'ait aucune échelle de valeurs à laquelle se référer, le choix n'est pas un acte gratuit ni un caprice, en tant qu'il se fait en situation et engage l'humanité entière.

AUTRUI, LA CONDITION DE NOTRE EXISTENCE

L'existentialisme fait du cogito (« Je pense donc je suis ») de Descartes (philosophe, mathématicien et physicien français, 1596-1650) la seule vérité absolue : la conscience se trouve elle-même et constate qu'elle existe par le fait même de penser. Cependant, dans l'existentialisme, on ne se découvre pas seulement soi-même par le cogito, mais on découvre également autrui : « L'autre est aussi certain pour nous que nous-mêmes. » (p. 59) L'autre est de surcroit la condition de notre existence au sens où on ne peut se définir (par exemple comme étant méchant, spirituel, etc.) que par rapport à la façon dont il nous voit. En reconnaissant autrui comme une « liberté posée en face de moi, qui me pense » (*ibid.*), on découvre l'intersubjectivité, un monde où les hommes se définissent les uns les autres.

L'un des reproches formulés à l'encontre de l'existentialisme est de clamer : « Vous ne pouvez pas juger les autres. » (p. 67) Si l'homme choisit son projet lucidement et sincèrement, il n'y a effectivement rien à redire. Mais on peut juger que des choix se basent sur la vérité et la cohérence, et d'autres sur la mauvaise foi comme le refus de la liberté, le fait de s'abriter derrière un déterminisme. De plus, la liberté est l'ultime signification des actes de bonne foi, et cette liberté comme but (pas en tant qu'elle fait partie de la condition humaine) dépend de la liberté de tous : en prenant sa liberté comme but, on prend nécessairement la liberté de tous comme but. Sur le plan de l'authenticité, on peut donc juger ceux qui refusent cette liberté. Sartre appelle ceux qui inventent des excuses déterministes les lâches ; ceux qui prétendent que l'existence humaine était nécessaire (c'est-à-dire qui considèrent qu'elle est un droit et non un hasard, et ainsi voient leurs positions et privilèges comme définitifs), les salauds.

Un dernier reproche affirme que les valeurs inventées ne

seraient pas sérieuses « puisque vous les choisissez » (p. 73). Sartre répond que lorsqu'on a supprimé Dieu, il n'y avait pas d'autre solution. La vie n'a pas de sens à priori : c'est l'homme qui lui en donne en la vivant. Une communauté humaine est donc possible, ce qui amène Sartre à parler des deux formes d'humanisme : le classique, qu'il a critiqué dans ses écrits, glorifie l'humanité comme fin et valeur supérieure ; l'humanisme existentialiste dispense l'homme de se juger lui-même, ne le considère pas comme fin puisqu'il est toujours à faire. Il voit l'homme comme se faisant exister en poursuivant des buts transcendants, en poursuivant ce qu'il n'est pas mais peut devenir, tout en restant dans un univers humain, celui de sa propre subjectivité. Il s'agit d'un humanisme parce que l'homme est considéré comme seul législateur, se réalisant comme humain en cherchant des buts hors de lui.

ÉCLAIRAGES

CONTRER UNE CÉLÉBRITÉ HOULEUSE

Lorsque Sartre donna sa conférence intitulée *L'existentialisme est un humanisme*, il était déjà très connu pour ses œuvres littéraires comme *La Nausée* et les deux premiers volumes des *Chemins de la liberté* (*L'Âge de raison* et *Le Sursis*, 1945-1949), qu'il venait de faire paraitre. Accès plus facile à sa pensée, sa littérature est un développement parallèle de la philosophie qu'il s'est consacré à ériger depuis les années trente et dont le point culminant est *L'Être et le Néant* (1943). Ce texte philosophique complexe contribua à confirmer la célébrité de Sartre, mais au prix d'une mauvaise compréhension de son travail.

Les gens méconnaissaient l'existentialisme et le reliaient à quelque chose de laid et de cynique, semblable aux personnages littéraires sartriens, veules et d'une effrayante lucidité. La presse exposait hors contexte les formules les plus choquantes de Sartre. Les intellectuels, s'arrêtant au préjugé d'une amoralité antihumaniste, condamnaient cette philosophie de la liberté comme une philosophie du désespoir :

- les marxistes l'accusèrent de quiétisme et d'un subjectivisme incapable de sortir de soi pour penser le monde ;
- les catholiques l'accusèrent de supprimer, au nom de la liberté, les valeurs morales inscrites de toute éternité, et de défier à travers ce dangereux relativisme toute l'entreprise humaine.

Sartre était donc un écrivain à scandale, même si les avis restaient partagés. Son œuvre trouvait en effet ses défenseurs et recevait des éloges pour sa valeur littéraire ; de plus, elle suscitait l'enthousiasme de la jeunesse, que Sartre était d'ailleurs accusé de corrompre.

Il semble donc naturel que Sartre, en répondant aux critiques qu'on lui faisait, ait cherché à remettre les pendules à l'heure. Ce faisant, il justifie son existentialisme et lui assure une place dans le paysage intellectuel de l'époque. Ce n'est, par ailleurs, pas la première étape de cette démarche : il s'était déjà expliqué dans l'hebdomadaire communiste *Action* en décembre 1944, et venait de fonder, afin d'assurer sa spécificité à sa doctrine, la revue *Les Temps modernes* dont le premier numéro était sorti en octobre 1945. De manière générale, Sartre voulait se rapprocher des idées de gauche et lutter pour la collectivité aux côtés des communistes, sans pour autant faire de concessions idéologiques.

LA PHILOSOPHIE DE L'EXISTENCE

La nouveauté de cette conférence est de constituer la philosophie existentialiste en doctrine clairement définie. Pourtant rien ne le laissait prévoir, car il s'était auparavant revendiqué de la phénoménologie de Edmund Husserl (philosophe et logicien allemand, 1859-1938) et de Martin Heidegger (philosophe allemand, 1889-1976).

L'un des buts de son allocution est de différencier son existentialisme athée de l'existentialisme chrétien représenté entre autres par Gabriel Marcel (philosophe et écrivain français, 1889-1973) et Karl Jaspers (philosophe et psychiatre allemand, 1883-1969), car pour le grand public, l'existentialisme, c'était Sartre. Ce dernier refusa d'ailleurs initialement le terme « existentialisme », qu'on lui a selon lui imposé et qu'il a dû accepter, et préférait parler de philosophie de l'existence. Mais quelle que soit la dénomination, la pensée érigée en doctrine par Sartre avait déjà sa tradition, des influences dont son créateur ne se cache pas :

- concernant entre autres l'analyse de l'angoisse existentielle, Sartre s'est beaucoup inspiré des **travaux du philosophe danois Søren Kierkegaard** (1813-1855), qu'il rattache d'ailleurs, dans *L'existentialisme est un humanisme*, à l'existentialisme chrétien ;
- l'existentialisme sartrien a une **base phénoménologique importante** (la phénoménologie étant l'étude des phénomènes, de ce qui apparait à notre conscience ; elle fut lancée par le philosophe allemand Edmund Husserl au début du XXe siècle). Inspiré par l'idée husserlienne de l'intentionnalité de la conscience, à savoir qu'une conscience est forcément conscience de quelque chose (sans son objet elle n'est pas), Sartre propose que l'être de la conscience – forcément différent de l'être du reste de ce qui est, c'est-à-dire de l'être des autres étants, puisqu'elle est le seul étant à nécessiter un objet afin d'être (à l'inverse, un arbre est une chose ne nécessitant qu'elle-même pour être ; il n'est pas l'arbre de quelque chose) – soit défini comme la liberté, car bien qu'elle soit dans le monde, le monde ne fixe pas la conscience comme une chose ; elle est « dans le monde », mais pas « du monde », elle est en perpétuel devenir ;
- Sartre s'inspira également de l'**ontologie** (étude philo-

sophique de l'être en tant qu'être) de Martin Heidegger, disciple de Husserl, dont l'ouvrage *Être et Temps* (*Sein und Zeit*, 1927) influença *L'Être et le Néant*. Pour Heidegger, l'homme est le *dasein*, le seul étant pouvant s'interroger sur son être. Il ne coïncide donc pas avec son être mais peut se rapporter à lui ; cette capacité fondamentale définit l'existence, qui dénomme l'être du *dasein*. Sartre reprend cette définition et, en l'opposant à l'essence fixée et définitive, y associe la liberté.

PROBLÉMATIQUE DE LA VULGARISATION

Afin de remédier aux malentendus et de rectifier l'image déformée que le public se fait de l'existentialisme, Sartre fournit avec *L'existentialisme est un humanisme* un effort de simplification et de vulgarisation. Mais, en allant à l'essentiel, il s'est peut-être concentré sur ce qui pose problème auprès du public, au détriment du reste. En rendant ses propres thèses plus compactes et accessibles, en les systématisant afin de les constituer en doctrine humaniste, on peut même se demander s'il n'a pas appauvri la profonde pensée présentée dans *L'Être et le Néant*.

Sartre regrette d'ailleurs rapidement d'avoir accepté de publier la retranscription de sa conférence et, déjà dans la discussion qui intervient directement après, reconnait que la vulgarisation peut affaiblir ses thèses. « [I]l arrive que des gens qui ne sont pas qualifiés pour cela viennent me poser des questions. Je me trouve alors en face de deux solutions : refuser de répondre ou accepter la discussion sur un terrain de vulgarisation. »

L'auteur justifie son choix en expliquant qu'affaiblir une pensée pour la faire comprendre, comme lorsqu'on « expose des théories en classe de philo », n'est pas forcément une mauvaise chose, et que d'ailleurs si l'existentialisme se veut une philosophie de l'engagement, il doit sortir des livres et pénétrer la vie publique.

CLÉS DE LECTURE

DE L'EXISTENTIALISME À L'HUMANISME

Pour Sartre, l'humanisme classique consiste à dire que « l'homme est épatant » (p. 74). Se prendre soi-même pour fin sur base de prouesses particulières jugées comme les plus hautes mène selon lui à l'absurdité (« seul le chien ou le cheval pourraient porter un jugement d'ensemble sur l'homme », p. 75) ; rendre un culte à une certaine idée d'humanité mène à « l'humanisme fermé sur soi » (*ibid.*).

C'est cette idée d'humanité que Sartre refuse, cette essence, cette nature humaine que l'on retrouve dans les humanismes marxiste et chrétien, où l'homme est respectivement défini par rapport à sa pratique sociohistorique et par rapport à une aspiration transcendante vers le divin. Le philosophe Sartre avait reconnu dans *L'Être et le Néant* que l'homme aspire bel et bien à une certaine plénitude, à devenir un être fini, mais que ce désir est illusoire. L'homme étant toujours à faire, ce désir fait de lui une « passion inutile », une souffrance en raison d'un manque constant. Cette perspective pessimiste va néanmoins être mise de côté par Sartre.

Prisonnier au stalag (camp de prisonniers pendant la Seconde Guerre mondiale) en 1940, Sartre a fait l'expérience de la dignité et de la fraternité humaines. Auparavant individualiste acharné, il a commencé à se tourner vers les autres, à prêter de l'importance aux relations intersubjectives. Premier témoignage des questions nouvelles qu'il commence à se poser suite à cette expérience déterminante,

L'existentialisme est un humanisme marque sans doute un tournant dans sa vie intellectuelle.

Pour le philosophe, l'homme, ne pouvant se départir de sa liberté ni de son action, ne peut pas être sans se construire lui-même. C'est en ce sens qu'il est « constamment hors de lui-même » (p. 76), qu'il cherche des buts transcendants pour sans cesse devenir lui-même - mais, contrairement à la transcendance divine chez les chrétiens, située au-delà de l'homme, toujours dans un univers humain. Cette association de la subjectivité de l'univers humain à une transcendance constitutive est l'humanisme existentialiste. L'existentialisme, à l'instar de l'ontologie heideggérienne, confère à l'homme un statut à part ; à la différence du matérialisme (qui fait notamment partie de la doctrine marxiste), il n'en fait pas un objet parmi les objets, un « ensemble de réactions déterminées » (p. 58), et lui accorde ainsi une dignité particulière. L'homme est un éternel projet, il ne se laisse pas fixer, réduire ou déterminer, il est libre : dès lors, l'existentialisme est un humanisme, car il cherche à rendre l'homme à lui-même, à le mettre en face de sa liberté et de ce qu'il est.

L'OPTIMISME DE L'ENGAGEMENT

Les marxistes ont reproché à l'existentialisme d'être un quiétisme, d'empêcher l'homme d'agir, en le représentant comme un être angoissé, incapable de décider si son choix sera le bon ou aboutira à un résultat (ce qui semble signifier que tout engagement est inutile). S'il est vrai qu'en définitive rien ne peut aider l'homme à choisir, Sartre contre l'accusation marxiste en soulignant que l'action est nécessaire même si le choix peut paraitre difficile.

Pour lui, choisir fait partie de la condition humaine, de cette part d'universalité qu'il y a en chacun. On ne peut pas ne pas choisir : on choisit encore en refusant de choisir, car on signifie par ce biais son accord avec la situation actuelle. Sartre, dès la Libération, se présente comme un intellectuel engagé, proclamant le devoir moral pour le philosophe ou l'écrivain de prendre parti dans les évènements de son époque.

Le refus du prix Nobel

Le 22 octobre 1964, Jean-Paul Sartre, alors au sommet de sa gloire, refuse le prix Nobel de littérature qui lui est attribué. Il est le premier à refuser pareil honneur. Sartre, qui a eu vent des intentions de l'académie suédoise avant l'attribution officielle du prix, décide d'écrire une lettre le 14 octobre au secrétaire de l'Académie afin de signifier « qu'il ne souhaite pas faire partie des lauréats du prix, que ce soit en 1964 ou dans le futur, et qu'il ne pourra pas accepter une telle distinction » (Pottier J.-M., « La lettre de Jean-Paul Sartre refusant le Nobel en 1964 est arrivée trop tard », in *Slate.fr*, janvier 2015).

Cependant, le choix a déjà été opéré, et lorsque l'Académie confirme son choix de nobéliser l'auteur de *La Nausée*, ce dernier reste sur ses positions.

Il évoque sa « liberté » et demeure fidèle à ses principes

d'homme engagé : « Je regrette vivement que l'affaire ait pris une apparence de scandale : un prix est distribué et quelqu'un le refuse [...] Mon refus n'est pas un acte improvisé. J'ai toujours décliné les distinctions officielles. [...] L'écrivain doit donc refuser de se laisser transformer en institution même si cela a lieu sous les formes les plus honorables comme c'est le cas. » (CLERMONT T., « Il y a 50 ans, Sartre refusait le Nobel », in *Le Figaro*, octobre 2014).

Quelques années plus tard, il expliquera les raisons de ce refus à un journaliste : « J'ai refusé le prix Nobel de littérature parce que je refusais que l'on consacre Sartre avant sa mort. Aucun artiste, aucun écrivain, aucun homme ne mérite d'être consacré de son vivant, parce qu'il a [encore] le pouvoir et la liberté de tout changer. Le prix Nobel m'aurait élevé sur un piédestal alors que je n'avais pas fini d'accomplir des choses, de prendre ma liberté et d'agir, de m'engager. Tout acte aurait été futile après, puisque déjà reconnu de façon rétrospective. » (LESTIENNE C., « 22 octobre 1964 : Jean-Paul Sartre refuse le prix Nobel de littérature », in *Le Figaro*, octobre 2014.)

Dans *L'existentialisme est un humanisme*, Sartre montre que l'existentialisme fait tout pour mettre l'homme face à la nécessité d'agir : l'homme n'est que ce qu'il fait de lui-même, il n'est que ses actions. Il ne se définit pas par ce qu'il aurait pu faire, par les rêves et ambitions non menés à terme. Un potentiel irréalisé est perdu et ne signifie rien. D'autre part, étant la somme de ce qu'on fait, un acte particulier ne peut jamais nous définir entièrement : si on a un jour commis une lâcheté, même très grave, on n'en est pas un lâche pour autant. Le pessimisme existentialiste est en réalité une « dureté optimiste » (p. 53) qui empêche de se réduire et de se lamenter sur ce qu'on aurait pu faire (ou, il est vrai, de s'en servir pour se consoler par mauvaise foi).

Si l'homme, étant « condamné à être libre » (p. 39), ne se construit que par ses choix et ses actions, alors on peut déjà leur donner un sens comme point de départ d'une morale. Une morale existentialiste est possible en tant qu'elle affirme la liberté et juge ceux qui la refusent (y compris en prétendant ne pas l'exercer à travers leurs choix) :

- puisque les hommes sont seuls face à leur totale liberté, chaque choix individuel engage toute l'humanité (« on doit toujours se demander : qu'arriverait-il si tout le monde en faisait autant ? », p. 34) ;
- dès lors que la liberté est reconnue comme fondatrice de toutes les valeurs, un jugement moral serait que la liberté doit toujours avoir la liberté pour but concret, et du fait de la responsabilité totale de chacun (la liberté de chacun engageant la liberté de tous), chaque homme de bonne foi ne peut que vouloir la liberté des autres ;
- il y a donc une certaine universalité (la liberté pour but) dans la morale existentialiste, mais elle doit rester une morale concrète, s'adapter au cas par cas. La morale kantienne, pour laquelle viser la liberté revenait également à viser celle des autres, se contentait de considérer qu'une action doit pouvoir être valable pour tous, être universellement applicable pour être morale. Purement formelle,

elle est insuffisante dans certaines situations concrètes telle celle du dilemme de l'étudiant (cf. « L'exigence du choix »), puisqu'aucune des deux alternatives (abandonner soit sa mère s'il aide son pays, soit son pays s'il aide sa mère) n'est applicable universellement, aucune ne respecte la loi morale kantienne. La morale existentialiste dicte en revanche de s'intéresser à la particularité de chaque cas : il s'agit de chercher « la liberté pour la liberté [...] à travers chaque circonstance particulière » (p. 69). C'est à chacun de créer sa solution face à un problème moral concret.

La vision existentialiste de l'homme rend à celui-ci sa liberté totale et inévitable. Il peut être pessimiste et s'arrêter à l'angoissante incertitude des choix, ou se rendre compte que comme il se construit par eux, ils sont son seul espoir. C'est en ce sens que l'existentialisme devient « un optimisme, une doctrine d'action » (p. 78).

UN ATHÉISME COHÉRENT

Le point de départ de l'existentialisme sartrien est la non-existence de Dieu ; selon Sartre, « l'existentialisme n'est pas autre chose qu'un effort pour tirer toutes les conséquences d'une position athée cohérente » (p. 77). Cela commence par la constatation faite par Dostoïevski (romancier russe, 1821-1881) : « Si Dieu n'existait pas, tout serait permis. » (p. 39) Le délaissement dont parle Sartre, c'est l'absence de Dieu, mais surtout ses conséquences : il n'y a plus de valeurs fixées de droit divin, l'homme est donc leur seule source. Les valeurs pour lesquelles il opte ne sont pas inscrites et jamais définitives, et plus rien ne l'oblige à les respecter. Il choisit seul ses valeurs puisqu'il n'est plus justifié par Dieu.

Le délaissement implique la contingence - c'est-à-dire le caractère non nécessaire, gratuit – de l'existence humaine. L'angoisse, un concept que Sartre prend à Kierkegaard, est, lorsqu'on la ressent, une porte ouverte menant à la découverte de cette contingence. À la différence de la simple peur, l'angoisse est toujours angoisse devant soi-même, on ne s'angoisse pas de quelque chose d'extérieur à soi : le vertige est par exemple une angoisse, car on ne craint pas tant le vide que le fait qu'on pourrait très bien s'y jeter en dépit de tous les motifs qu'on invoquerait pour s'en dissuader – on se rend compte que l'attitude permettant de rester en vie (le fait de ne pas se précipiter dans le vide) est contingente (qui peut se produire ou non).

Il en est de même devant tout choix : l'angoisse est la crainte des possibilités, de ce qu'on pourrait faire, de sa liberté (puisque toute possibilité est contingente et, dans le délaissement, permise) et de sa responsabilité face au choix. Néanmoins, l'angoisse n'est pas un obstacle à l'action, elle est inévitable en tant qu'elle accompagne toute conscience de responsabilité.

Sartre considère l'existentialisme athée dont il fait partie comme plus cohérent que la pensée kierkegaardienne et qu l'existentialisme chrétien, puisque supprimer Dieu ramène l'homme à sa contingence ; tant que Dieu existe, l'homme ne croit pas vraiment à sa liberté.

PISTES DE RÉFLEXION

QUELQUES QUESTIONS POUR APPROFONDIR SA RÉFLEXION…

- En quoi la mauvaise foi peut-elle engendrer un jugement moral ? Développez à l'aide d'exemples.
- Expliquez en quoi la morale existentialiste est une morale créatrice.
- Pourquoi, selon vous, Sartre prétend-il que le culte de l'humanité « aboutit […] au fascisme » ? (p. 75-76)
- Selon vous, comment le relativisme existentialiste pourrait-il s'avérer dangereux ?
- Expliquez en quoi les termes « délaissement », « angoisse » et « désespoir » peuvent aussi bien avoir une nuance positive que négative.
- Que pensez-vous des idées de Sartre sur la vulgarisation et l'engagement ?
- Comparez la définition husserlienne de la conscience à la vision sartrienne de l'homme.
- Expliquez cette célèbre phrase : « L'existence précède l'essence. » (p. 29)Camus est également un penseur existentialiste. Comparez sa pensée à celle de Sartre
- Quel est le contexte politique lors de la publication de ce texte ? Expliquez.

Votre avis nous intéresse !
Laissez un commentaire sur le site de votre librairie en ligne
et partagez vos coups de cœur sur les réseaux sociaux !

POUR ALLER PLUS LOIN

ÉDITION DE RÉFÉRENCE

- SARTRE J.-P., *L'existentialisme est un humanisme*, Paris, Gallimard, coll. « Folio/Essais », 1996.

ÉTUDES DE RÉFÉRENCE

- CLERMONT T., « Il y a 50 ans, Sartre refusait le Nobel », in *Le Figaro*, octobre 2014, consulté le 23 septembre 2016, http://www.lefigaro.fr/livres/2014/10/03/03005-20141003ARTFIG00189-il-y-a-50-ans-sartre-refusait-le-nobel.php
- HORTUI A., L'existentialisme est un humanisme *de Jean-Paul Sartre, analyse approfondie*, Bruxelles, Lemaitre Publishing, coll. « Profil littéraire », 2016.
- LESTIENNE C., « 22 octobre 1964 : Jean-Paul Sartre refuse le prix Nobel de littérature », in *Le Figaro*, octobre 2014, consulté le 23 septembre 2016, http://www.lefigaro.fr/histoire/culture/2014/10/22/26003-20141022ARTFIG00082-22-octobre-1964-jean-paul-sartre-refuse-le-prix-nobel-de-litterature.php
- POTTIER J.-M., « La lettre de Jean-Paul Sartre refusant le Nobel en 1964 est arrivée trop tard », in *Slate.fr*, janvier 2015, consulté le 26 septembre 2016, http://www.slate.fr/story/96483/nobel-litterature-lettre-jean-paul-sartre
- TOMES A., *L'existentialisme est un humanisme*. Sartre, Paris, Ellipses, coll. « Philo-textes. Commentaire », 1999.

SUR LEPETITLITTÉRAIRE.FR

- Commentaire portant sur le tableau VI de la scène II des *Mains sales* de Jean-Paul Sartre.
- Fiche de lecture sur *Huis clos* de Jean-Paul Sartre.
- Fiche de lecture sur *La Nausée* de Jean-Paul Sartre.
- Fiche de lecture sur *Les Mains sales*.
- Fiche de lecture sur *Les Mots* de Jean-Paul Sartre.
- Fiche de lecture sur *Les Mouches* de Jean-Paul Sartre.
- Fiche de lecture sur *Qu'est-ce que la littérature* ? de Jean-Paul Sartre.
- Questionnaire de lecture sur *Huis clos*.

www.lepetitlitteraire.fr

ISBN version numérique : 978-2-8062-2039-4
ISBN version papier : 978-2-8062-1209-2
Dépôt légal : D/2013/12603/368

Avec la collaboration d'Alexandre Randal pour le chapitre « Le refus du prix Nobel ».

Conception numérique : Primento,
le partenaire numérique des éditeurs.

FÉDÉRATION
WALLONIE-BRUXELLES

Ce titre a été réalisé avec le soutien de la Fédération Wallonie-Bruxelles, Service général des Lettres et du Livre.

Retrouvez notre offre complète sur lePetitLittéraire.fr

- des fiches de lectures
- des commentaires littéraires
- des questionnaires de lecture
- des résumés

ANOUILH
- Antigone

AUSTEN
- Orgueil et Préjugés

BALZAC
- Eugénie Grandet
- Le Père Goriot
- Illusions perdues

BARJAVEL
- La Nuit des temps

BEAUMARCHAIS
- Le Mariage de Figaro

BECKETT
- En attendant Godot

BRETON
- Nadja

CAMUS
- La Peste
- Les Justes
- L'Étranger

CARRÈRE
- Limonov

CÉLINE
- Voyage au bout de la nuit

CERVANTÈS
- Don Quichotte de la Manche

CHATEAUBRIAND
- Mémoires d'outre-tombe

CHODERLOS DE LACLOS
- Les Liaisons dangereuses

CHRÉTIEN DE TROYES
- Yvain ou le Chevalier au lion

CHRISTIE
- Dix Petits Nègres

CLAUDEL
- La Petite Fille de Monsieur Linh
- Le Rapport de Brodeck

COELHO
- L'Alchimiste

CONAN DOYLE
- Le Chien des Baskerville

DAI SIJIE
- Balzac et la Petite Tailleuse chinoise

DE GAULLE
- Mémoires de guerre III. Le Salut. 1944-1946

DE VIGAN
- No et moi

DICKER
- La Vérité sur l'affaire Harry Quebert

DIDEROT
- Supplément au Voyage de Bougainville

Dumas
- Les Trois Mousquetaires

Énard
- Parlez-leur de batailles, de rois et d'éléphants

Ferrari
- Le Sermon sur la chute de Rome

Flaubert
- Madame Bovary

Frank
- Journal d'Anne Frank

Fred Vargas
- Pars vite et reviens tard

Gary
- La Vie devant soi

Gaudé
- La Mort du roi Tsongor
- Le Soleil des Scorta

Gautier
- La Morte amoureuse
- Le Capitaine Fracasse

Gavalda
- 35 kilos d'espoir

Gide
- Les Faux-Monnayeurs

Giono
- Le Grand Troupeau
- Le Hussard sur le toit

Giraudoux
- La guerre de Troie n'aura pas lieu

Golding
- Sa Majesté des Mouches

Grimbert
- Un secret

Hemingway
- Le Vieil Homme et la Mer

Hessel
- Indignez-vous !

Homère
- L'Odyssée

Hugo
- Le Dernier Jour d'un condamné
- Les Misérables
- Notre-Dame de Paris

Huxley
- Le Meilleur des mondes

Ionesco
- Rhinocéros
- La Cantatrice chauve

Jary
- Ubu roi

Jenni
- L'Art français de la guerre

Joffo
- Un sac de billes

Kafka
- La Métamorphose

Kerouac
- Sur la route

Kessel
- Le Lion

Larsson
- Millenium I. Les hommes qui n'aimaient pas les femmes

Le Clézio
- Mondo

Levi
- Si c'est un homme

Levy
- Et si c'était vrai...

Maalouf
- Léon l'Africain

MALRAUX
- La Condition humaine

MARIVAUX
- La Double Inconstance
- Le Jeu de l'amour et du hasard

MARTINEZ
- Du domaine des murmures

MAUPASSANT
- Boule de suif
- Le Horla
- Une vie

MAURIAC
- Le Nœud de vipères

MAURIAC
- Le Sagouin

MÉRIMÉE
- Tamango
- Colomba

MERLE
- La mort est mon métier

MOLIÈRE
- Le Misanthrope
- L'Avare
- Le Bourgeois gentilhomme

MONTAIGNE
- Essais

MORPURGO
- Le Roi Arthur

MUSSET
- Lorenzaccio

MUSSO
- Que serais-je sans toi ?

NOTHOMB
- Stupeur et Tremblements

ORWELL
- La Ferme des animaux
- 1984

PAGNOL
- La Gloire de mon père

PANCOL
- Les Yeux jaunes des crocodiles

PASCAL
- Pensées

PENNAC
- Au bonheur des ogres

POE
- La Chute de la maison Usher

PROUST
- Du côté de chez Swann

QUENEAU
- Zazie dans le métro

QUIGNARD
- Tous les matins du monde

RABELAIS
- Gargantua

RACINE
- Andromaque
- Britannicus
- Phèdre

ROUSSEAU
- Confessions

ROSTAND
- Cyrano de Bergerac

ROWLING
- Harry Potter à l'école des sorciers

SAINT-EXUPÉRY
- Le Petit Prince
- Vol de nuit

SARTRE
- Huis clos
- La Nausée
- Les Mouches

SCHLINK
- Le Liseur

SCHMITT
- La Part de l'autre
- Oscar et la Dame rose

SEPULVEDA
- Le Vieux qui lisait des romans d'amour

SHAKESPEARE
- Roméo et Juliette

SIMENON
- Le Chien jaune

STEEMAN
- L'Assassin habite au 21

STEINBECK
- Des souris et des hommes

STENDHAL
- Le Rouge et le Noir

STEVENSON
- L'Île au trésor

SÜSKIND
- Le Parfum

TOLSTOÏ
- Anna Karénine

TOURNIER
- Vendredi ou la Vie sauvage

TOUSSAINT
- Fuir

UHLMAN
- L'Ami retrouvé

VERNE
- Le Tour du monde en 80 jours
- Vingt mille lieues sous les mers
- Voyage au centre de la terre

VIAN
- L'Écume des jours

VOLTAIRE
- Candide

WELLS
- La Guerre des mondes

YOURCENAR
- Mémoires d'Hadrien

ZOLA
- Au bonheur des dames
- L'Assommoir
- Germinal

ZWEIG
- Le Joueur d'échecs

35357115R00020

Printed in Poland
by Amazon Fulfillment
Poland Sp. z o.o., Wrocław